Nos fragilités

Du même auteur

Aux éditions Philippe Rey

L'Évangile selon saint Loubard (repris chez Points)
L'Évangile, une parole invincible (repris chez Points)
Rallumez le feu ! (repris au Livre de Poche)
Et si on parlait de tes mômes ?
Réussis ta vie !
Mes plus belles prières
Ose l'amour !
Face à la souffrance
Lutte et aime, là où tu es ! (repris chez Points)
La magie des animaux
Apprends à pardonner
Cœur de prêtre, cœur de feu (repris chez Points)
La vieillesse, un émerveillement
Petit guide de prière
Éveilleur d'espérance
Le couple
Occupe-toi des autres !
Vagabond de la bonne nouvelle
Le bonheur

Aux éditions Stock (repris au Livre de Poche)

Un prêtre chez les loubards
La rue est mon église
Des jeunes y entrent, des fauves en sortent
L'Espérance aux mains nues
Aventurier de l'Amour
Avec mon aube et mes santiags
Les petits pas de l'Amour
Jusqu'au bout !
Dieu mon premier Amour
Des loups dans la Bergerie
Dealer d'Amour
Passeurs de l'impossible
Ma religion, c'est l'Amour
Kamikaze de l'espérance
Et si je me confessais

Aux éditions Salvator (repris chez J'ai Lu)

Cris de jeunes

Aux éditions des Béatitudes

Chemin de croix
Le plus bel album de famille : le rosaire
Les mystères lumineux du rosaire

Aux éditions du Livre ouvert

La violence… un appel ?
Lutte, prie et aime

Aux éditions Coccinelle (bandes dessinées)

Aimer à tout casser
Des loups à Faucon

Guy Gilbert

Nos fragilités

Comment les accepter
et les surmonter

Philippe Rey

Si tu veux m'écrire, fais-le par le biais de mon éditeur.
Si tu savais comme tu m'aides en me critiquant ou en m'engueulant. Ma plume alors s'enrichit.
Merci.

Ton frère

7, rue Rougemont - 75009 Paris

www.philippe-rey.fr

Introduction

En octobre dernier, rentrant de conférence, j'ai eu soudain une perte d'équilibre. J'avais la bouche pâteuse, comme si j'étais alcoolisé, j'étais incapable de parler.

Mon adjoint a appelé les urgences et les médecins ont découvert, après quatorze heures d'attente aux urgences, que j'avais fait un AVC. Grâce à un traitement rapide, je n'ai eu aucune séquelle physique, j'ai pu vite reparler, bouger normalement. Mais, d'un seul coup, j'ai ressenti une fatigue intense et, pour la première fois de ma vie, j'ai dû être hospitalisé. Durant deux mois…

J'ai mis du temps à accepter cette souffrance, j'ai été très anxieux. Et puis je n'avais envie de rien : c'est un sentiment que je n'avais jamais connu, que je découvrais avec stupéfaction. Le meilleur moment de ma journée, c'était quand je m'endormais le soir…

J'ai mis cinq mois à commencer à m'en remettre vraiment, physiquement et psychiquement. Je me suis souvenu qu'à l'âge de dix ans, j'ai eu, pendant la guerre, une septicémie qui m'a ravagé pendant un mois. Le médecin avait dit alors à mes parents : « Il peut mourir. Mais, s'il s'en remet, il aura alors une force de santé exceptionnelle durant toute sa vie. » Après le deuxième choc que je viens de subir, je découvre que le docteur avait raison…

Pour moi qui ai vécu tant d'années d'activité intense, me retrouver plusieurs semaines sur un lit d'hôpital a été très éprouvant, même si je ne souffrais pas physiquement. Et surtout, n'avoir envie de rien faire était douloureux pour moi. À soixante-dix-sept ans, j'avais brutalement interrompu mon activité… Extrême fragilité d'être condamné à attendre.

Cet accident a tout de même eu un côté bénéfique car je suis entré dans une zone de silence, de réflexion et de prière. J'ai pu rencontrer des gens malades à l'hôpital, leur parler d'égal à égal, ressentir leur souffrance de l'intérieur, parler le même langage qu'eux. Et très vite mon propre cas, qui me paraissait difficile, est devenu un cas parmi d'autres, souvent plus graves. Je l'ai relativisé, je me suis senti membre d'une communauté de souffrants que je découvrais. Même si un AVC ne laisse pas totalement intact, j'ai eu le bonheur de reprendre toutes mes activités… coupées de temps de repos très précis. Je suis passé du cheval emballé au canasson qui trace son sillon à pas mesurés. Mon équipe m'y aide avec constance et c'est une joie pour moi après l'épreuve.

> *La maladie est un avertissement qui nous est donné pour nous rappeler à l'essentiel.*
>
> Sagesse tibétaine

Ma fragilité, c'est celle des autres

Nous avons tous nos fragilités, nous devons apprendre à vivre avec elles : santé, caractère, situation familiale, situation professionnelle, chômage, accidents de la vie…

Ma principale fragilité, c'est la souffrance de ceux qui m'entourent. Quand je me rends compte qu'il n'y a pas de solution, que des êtres resteront brisés, enfermés dans des situations impossibles, que les plaies vives de l'existence ne se refermeront jamais, alors je ressens un découragement extrême et je remets à Dieu ce que je ne peux pas faire moi-même. Je ne cesse de Le prier dans ces cas-là.

Bûchez vos liens !

Avant que vous n'entriez dans ce livre, je voudrais vous dire une chose importante. Nous avons une grande capacité de faire face aux difficultés de la vie, à la souffrance physique comme morale, mais à une condition : être bien entouré, avoir des amis, des conjoints. Toute souffrance doit être soutenue par l'amitié et la présence des autres. Sans mes adjoints et mes amis, je n'aurais pas aussi bien traversé l'épreuve de ma maladie.

La principale fragilité de ceux qui souffrent aujourd'hui est le vide affectif. Souvenez-vous de l'exemple de la Callas qui, après des années de gloire, malgré sa richesse et son talent, est morte dans une solitude et une tristesse extrêmes, en plein Paris.

Le principal conseil que je pourrais vous donner est qu'il faut sans cesse tisser de véritables liens d'amitié et d'amour avec les autres. Seuls ces rapports nous rendront forts, nous permettront de faire face le moment venu. Bûchez vos liens aux autres !

La maladie et les handicaps

La maladie et le handicap engendrent souvent le désespoir. Certaines maladies – cancer, Alzheimer, sida... – sont une souffrance sans nom pour la personne concernée, ainsi que pour sa famille et ses amis. Ces maladies humaines, poignantes, peuvent tous nous toucher, quels que soient notre mode de vie, notre hygiène de vie. Comment aider ces malades qui voient leur corps les abandonner ?

Quand la mémoire se détricote

La maladie d'Alzheimer, par exemple : plus de huit cent mille Français en sont maintenant atteints, et l'on dénombre plus de deux cent mille nouveaux cas chaque année. Plusieurs millions d'entre nous seront un jour concernés. Les facteurs de risque sont nombreux : vieillissement, susceptibilité génétique, environnement social et culturel, affections vasculaires…

La maladie entraîne rapidement des troubles plus importants : perte du sens de l'orientation dans l'espace, dans le temps, troubles du jugement, du langage, objets de la vie quotidienne non identifiés… Les malades désapprennent irréversiblement.

Une femme assiste à la lente dégradation de son mari qui ne la reconnaît plus, au point de lui demander si elle est mariée. Quand elle lui répond : « Oui, avec l'homme qui est en face de moi », il se met à rire… comme si c'était une bonne blague.

Leur mémoire est un pull qui se détricote.

Un apprentissage de l'humilité

La maladie peut-être terrible, dévastatrice, elle peut anéantir une personnalité. Mais elle existe aussi sous des formes moins fortes. Je ne souhaite à personne d'être malade, mais il faut savoir que, lorsque notre corps nous envoie des signaux évidents signifiant qu'on a un peu trop « tiré sur la corde » – fièvre, épuisement, infarctus… –, il est urgent de reconsidérer notre manière de vivre : diminuer la charge de travail, ralentir notre rythme, moins nous énerver, prendre le temps de la contemplation et, pourquoi pas, d'un peu de paresse…

J'aime bien cette prière d'un malade dans un hôpital de New York :

J'ai demandé à Dieu la force pour atteindre le succès,

Et Dieu m'a rendu faible afin que j'apprenne humblement à obéir.

J'ai demandé la santé pour faire de grandes choses,

Et Dieu m'a donné l'infirmité pour faire des choses meilleures.

J'ai demandé la richesse pour pouvoir être heureux,

Et j'ai reçu la pauvreté pour pouvoir être sage.

J'ai demandé la puissance pour obtenir l'estime des hommes,

Et j'ai reçu la faiblesse afin que j'éprouve le besoin de Dieu.

J'ai demandé un compagnon afin de ne pas vivre seul,

Et Dieu m'a donné un cœur afin que je puisse aimer tous mes frères et sœurs.

J'ai demandé toutes les choses qui pourraient réjouir ma vie,

Et j'ai reçu la vie afin que je puisse me réjouir de toutes choses.

Je n'ai rien eu de ce que j'avais demandé,

Mais j'ai reçu tout ce que j'avais espéré.

Je suis, parmi les hommes, le plus richement comblé.

Caressez vos malades

Georges, tout recroquevillé sur son fauteuil, souffrait d'un très grave handicap. Chaque matin, m'avaient dit ses soignants, il faisait signe avec sa main et sa bouche : il voulait recevoir la communion. Donc, il prenait son petit-déjeuner et communiait. Il avait un handicap massif, mais c'était vraiment un vivant.

Un jour, pendant la célébration, je l'ai interpellé une dizaine de fois : « Qu'en penses-tu, Georges ? » Il répondait par des hurlements de joie, parce qu'il ne pouvait pas prononcer un mot, mais il me tendait sa main, complètement tordue. Alors je descendais caresser cette main atrophiée. Vous n'imaginez pas l'importance des contacts sur la peau pour un malade, un vieillard ou une personne handicapée. Les infirmiers le savent, mais n'ont pas suffisamment de temps. Caressez vos malades. C'est un geste d'amour inestimable.

Notre réflexe devant un malade ou un handicapé est souvent la peur. Nous sommes face à quelqu'un de différent. C'est aussi la pitié. Ce n'est pas très beau. La meilleure réaction, je crois, est d'aller vers eux. Ils nous attendent quelque part. Ils espèrent un autre regard. Il s'agit d'être naturel. C'est tout. Ne pas voir uniquement l'aspect démoli de la personne atrophiée, mais être naturel avec elle.

> *La souffrance que j'insupporte, je la supporte, je la porte et je la transcende.*
>
> Sainte Thérèse de l'Enfant-Jésus

Des éclairs d'espérance

Vivre l'épreuve de la maladie n'est pas facile, et on la traverse mieux si on est entouré de ceux qu'on aime. En France, nous commençons à comprendre le rôle très positif que jouent les conjoints, les enfants, les proches, et à en tenir compte… C'est toujours une grande souffrance dans les familles, écartelées entre révolte et combat. Sans compter la fatigue… Les malades requièrent une vigilance de tous les instants. Une femme me racontait qu'elle ne pouvait laisser sa mère seule plus de dix minutes ; un jeune me confiait que son père malade était devenu pour lui comme son petit frère, sinon son enfant.

C'est d'autant plus dur qu'ils aiment ce familier qui leur est devenu si étrange par sa maladie, et pour qui ils sont devenus des étrangers.

Les malades ont un énorme besoin d'affection et d'empathie, que seule la famille peut leur donner. Il faut donc apporter aux proches toute l'aide nécessaire afin que jamais ils ne lâchent le lien affectif. Un homme disait qu'il avait vécu cinquante-quatre ans avec sa femme et que ce serait encore plus dur de s'en séparer s'il devenait un étranger pour elle dont la mémoire s'était envolée.

L'amour est un torrent

Quand nous sommes malades, nous ne sommes pas là comme les autres voudraient que nous soyons. Il y a des phases de rémission, des moments d'espoir, puis de nouveau des périodes difficiles.

Des psychologues, des équipes de dialogue peuvent nous aider. Des bénévoles d'associations vivant les mêmes chocs peuvent parler avec nous et nous permettre de ne pas lâcher prise au cours du temps.

Enfin, il faut parfois accepter le transfert à l'hôpital ou à une institution. Ne culpabilisez pas par rapport à vos proches, ne croyez pas non plus que ce soit un abandon dans un lieu froid et anonyme. Des infirmiers m'ont dit qu'ils ne quitteraient pas leur service pour tout l'or du monde parce qu'ils y avaient ressenti une empathie formidable avec les malades. Il y a des gens de cœur partout, il faut s'ouvrir à eux.

Saint Paul nous a dit que l'amour était un torrent que rien ni personne ne peut arrêter. Nous avons tous besoin de cet amour, malades comme soignants. La souffrance s'apaise par la parole, par l'écoute.

> *Sur la terre tout a une fonction, chaque maladie une herbe pour la guérir, chaque personne une mission.*
>
> Sagesse indienne

Tu es là, même dans le brouillard

Le Christ lui-même a dit à son Père : « Mon Dieu, pourquoi m'as-Tu abandonné ? » Alors, *a fortiori,* vous pouvez l'exprimer aussi. Dans ces moments, laissez-vous aller au cri de désespoir, dites simplement au Seigneur que vous souffrez et que vous Lui offrez votre maladie. Vous vous apercevrez tout de suite que finalement ce n'était qu'un découragement, vous lui direz : « Non, c'est un mauvais moment, Tu es là, même dans le brouillard. »

Un théologien, le père Hugueux, disait : « Il faut croire pour guérir et guérir pour croire. » C'est un joli paradoxe. Il ajoutait : « Les deux ont une force d'entraînement mutuelle. » La phrase du Christ est : « Va, ta foi t'a guéri. »

L'Église n'a pas le monopole des miracles. Des personnes non chrétiennes guérissent aussi de façon étonnante. La foi n'est pas non plus une médecine. Cependant, tous les médecins vous diront que le meilleur auxiliaire aux traitements est la foi du patient en sa capacité de guérir.

L'amour est inventif à l'infini

Que vous soyez chrétien ou non, votre regard, votre attitude et la considération que vous avez envers le malade, le handicapé ou le souffrant sont une force. Celui ou celle qui retrouve des raisons positives de vivre peut parfois guérir de façon parfaitement imprévisible. Aller de l'avant et aller vers les autres, c'est sans doute là que se situe le miracle de Dieu. Et surtout, trouver en soi des forces insoupçonnées qui redonnent vie et effacent le mal.

Le Seigneur nous demande de compatir à la souffrance des autres. Partagez l'angoisse et aidez l'autre à se battre contre la maladie. L'humanité de l'homme ne se contente pas de seules seringues, de seuls diagnostics.

Il faut saluer le travail admirable des médecins et des infirmières, saluer aussi tous ceux qui se tiennent auprès des malades car, par leur présence, ils donnent un sens à leur souffrance.

La force de l'amour vainc tout. Jésus, abandonné, seul, a gagné toutes les batailles. Le fils de Dieu est mort par amour.

Saint Vincent de Paul disait : « L'amour est inventif à l'infini. »

Quand, chrétiens, nous pensons que le Christ a porté nos souffrances, qu'il s'est chargé de nos douleurs, nous sommes appelés à unir nos peines à sa passion. C'est dans ce sens-là que nous pouvons vraiment vénérer la croix.

Nos défauts, chute après chute…

« Connais-toi toi-même », enseignait Socrate. Nous ne passerons jamais assez de temps à nous appliquer cette discipline. Je tiens un carnet de route depuis cinquante-cinq ans. C'est passionnant d'en relire un petit morceau à l'occasion d'une retraite. Je m'aperçois que j'ai certes évolué, mais les faiblesses demeurent. Mes carnets secrets savent ma pauvreté, les tentations, mes récidives. Ils sont ma joie, ces carnets, parce qu'ils sont témoins de ma lutte quotidienne.

Ces fragilités qui nous rongent au quotidien

Nous essayons tous de nous améliorer : être plus présent pour une vieille maman un peu seule, savoir encourager et motiver un enfant, parler correctement à une collègue de travail que nous n'apprécions pas beaucoup, prier plus régulièrement et plus sincèrement, pardonner à quelqu'un qui nous a baisé la gueule de façon grave dans le passé, être plus généreux pour ceux qui sont dans le besoin au lieu de nous étourdir dans la consommation… Nous avons à réparer tant de défauts, petits ou grands, tant de fragilités qui nous rongent au quotidien !

L'humilité amène l'amour du prochain

Pour prendre conscience de nos manques, il faut accepter d'être humbles. Une des meilleures manières de progresser sur cette voie est d'écouter quelqu'un qui n'est pas d'accord avec soi. Sans tricherie, essayez de trouver ce qu'il y a de bon et de nouveau dans le discours d'une personne qui s'oppose à vous ! Centrez-vous simplement sur l'autre au lieu de rapporter ses propos à ce que vous pensez ou aux expériences que vous avez vécues… Oubliez, l'espace de cette conversation, ce que vous avez envie de répondre. Rongez votre frein, vos ongles, tout ce que vous voudrez, mais taisez-vous et écoutez !

Dans la cohorte des pécheurs

Si j'ai été lâche un jour, j'en prends bonne note. Je réagirai le lendemain. Je me souviendrai toujours de ces deux types qui se battaient devant moi, à la sortie d'un cinéma. J'aurais dû intervenir. L'un d'eux, plus faible que l'autre, était en sang sur le trottoir. Il a été transporté par le Samu. Quelle gifle j'ai reçue ce jour-là ! Moi qui aboyais contre ceux qui négligeaient leur frère agressé sans lever le petit doigt, je me trouvais être l'un d'eux. Pourquoi n'avais-je pas agi ? Je ne sais pas... Peut-être l'habitude des scènes de violence auxquelles j'ai souvent assisté.

Au fil des années, je m'aperçois que j'avance cahin-caha, mais j'avance. On traîne toute sa vie sa carcasse, on voit son ivraie qui profite de tout pour envahir le peu de terrain que l'on a défriché. Ma fragilité me donne une force très grande. Elle me replonge, chaque fois que j'en prends conscience, dans l'immense cohorte des pécheurs de tous les jours, pécheurs rénovés qui, la faute admise, repartent joyeusement pour une étape nouvelle.

Je ne me vante pas de ma fragilité. Je la reconnais et vis avec elle chaque jour. Dieu s'appuie sur elle pour me donner une force pas possible. « Je puis tout par Celui qui me fortifie » (Philippiens IV,13).

Cahin-caha

Chute après chute, à condition que tu mettes courageusement tes défauts face au Seigneur – colère, rancune, avarice, indifférence, avidité, rapacité, égocentrisme, cruauté... –, tu verras que tes faiblesses diminueront.

Parfois même, le défaut que tu bûches avec ténacité devient ta qualité dominante. Et puis, Il te connaît tellement mieux que toi-même. Déverse-Lui tout, soir après soir. Tu verras le punch que tu auras après.

En gestes et en vérité

Ma seule richesse est de ne jamais perdre de vue cette barre qui étincelle si haut au-dessus de ma tête.

Ma seule inquiétude serait de ne plus la voir.

Ma seule détresse serait de subir, de ne plus distinguer où est le mal, d'accepter sans rien dire, de me laisser porter par l'amoralité ou l'immoralité ambiantes.

> *Le pardon nous tourne vers le passé. Mais il y a aussi de l'à-venir dans le pardon.*
>
> Jacques Derrida

Le sacrement de réconciliation

Nous trébuchons sans cesse, vous le savez bien. Le sacrement de réconciliation est fait pour réparer cela. Une vie est toujours une vie de combat, si l'on veut arriver à la sainteté.

J'aime bien ce texte de Jacques : « Quand vous butez sur toutes sortes d'épreuves, pensez que c'est une grande joie. Car l'épreuve, qui vérifie la qualité de votre foi, produit en vous la persévérance, et la persévérance doit vous amener à une conduite parfaite ; ainsi vous serez vraiment parfaits, il ne vous manquera rien. »

Après la chute on peut toujours se relever. Mais regarde-toi. Si tu es clair avec toi-même, tu sais qu'il est facile d'enfoncer l'autre qui tombe, alors que toi-même tu retombes si souvent dans les mêmes ornières.

Tes bonnes excuses, essaie de les trouver pour les autres. Tu bâtiras alors un paradis autour de toi.

Soyez des êtres de pardon

Prions pour que le Christ nous apprenne à pardonner « soixante-dix-sept fois sept fois », comme nous le dit l'Évangile, c'est-à-dire à l'infini.

Nos vies sont faites de pardons à donner et à recevoir. Quand on a compris ça, on a tout compris.

Ce verdict terrible de l'Évangile est à méditer sans cesse : « Tu seras pardonné un jour à la mesure de ton pardon donné sur terre. » Implacable.

Sois un être de pardon. Pardonne inlassablement. Pas bêtement, mais en laissant à l'autre un espace d'expiation.

Et n'oublie pas de vider tes poubelles intérieures devant un prêtre. Il est pécheur comme toi, mais il a reçu la formidable possibilité, au nom du Christ, de te pardonner tes péchés.

Les difficultés du monde du travail

La compétition internationale et la crise qui pousse à réduire les coûts partout dans les entreprises, dans les services publics, font des ravages dans le mode du travail. Nous sommes là face à des grandes souffrances dans notre société : chômage de masse, conditions de travail très difficiles, personnel pressurisé, insécurité de l'emploi…

L'angoisse du chômage

Le chômage peut engendrer les mêmes pathologies sociales et psychologiques que l'infirmité. La sensation d'être devenu un semi-humain, de glisser du centre de son groupe social à sa banlieue.

Gagner le Smic en faisant un travail à la con…, je ne pense pas que ce soit le bonheur ! Mais être actif, c'est toujours mieux que le chômage. Celui qui travaille a au moins le sentiment d'être productif, utile à la société.

Pensez à tous ces pères et mères de famille qui voient fondre leurs indemnités de chômage, qui voient s'approcher l'échéance terrifiante de la fin de droits, avec l'angoisse de ne pouvoir faire vivre ceux qui dépendent d'eux, sans aucune perspective de boulot qui pointe à l'horizon. Tant de gens s'entendent dire qu'ils sont trop vieux, trop chers, trop peu qualifiés... De plus en plus d'anciens ouvriers se suicident.

On existe en société par son travail, c'est ainsi qu'on obtient la reconnaissance des autres. Dès qu'on rencontre quelqu'un, la première question qu'on nous pose : « Qu'est-ce que vous faites comme métier ? » Vous imaginez un chômeur à qui cela est dit tous les jours !

Jeune, quel est ton rêve ?

Pensons aussi au chômage chez les jeunes. Les adultes, eux, dépensent surtout beaucoup d'énergie à défendre leurs « acquis ».

Je demande souvent aux jeunes : « Quel est ton rêve ?

– Je veux être heureux, me répondent-ils.

– Et quel métier ?

– Pompier ! »

Ils veulent souvent être pompiers. Très rarement curés ! Ils voient l'héroïsme du pompier, le feu, le casque, etc. Le pompier, c'est celui qui sauve les autres. Et les jeunes, c'est ça qu'ils veulent : sauver les gens, sauver le monde.

Hélas, le chômage est au rendez-vous. Un jeune sans travail, c'est un jeune sans rêve, et c'est une catastrophe. Comment annoncer Dieu à un jeune à qui l'on n'a jamais donné d'outil et qui ne peut pas vivre ses rêves ? Il fauchera parfois un sac à main pour que sa vie ressemble un peu à celle qu'il désire. Je sais trop combien d'actes de délinquance sont commis par des jeunes qui n'ont pas la possibilité de travailler.

> *Le chômage est comme une marée noire qui recouvre l'herbe verte, là où elle a poussé.*
>
> Françoise Giroud

Le partage du travail

Les syndicats sont absolument nécessaires. Il leur arrive de dérailler. Mais heureusement qu'ils sont là pour révéler la dignité des personnes. Hélas, ils ne peuvent pas tout résoudre.

Nous devons sans cesse nous surpasser pour que les autres aient du travail. Peut-être qu'une solution serait de partager le travail ? Certains salariés (pas les smicards du bas de l'échelle) renonceraient à quelques avantages – primes, salaire même – pour permettre l'embauche de nouvelles personnes. On peut imaginer aussi que certains retraités (là encore pas les plus pauvres) renoncent à une partie de leur traitement afin de favoriser l'emploi de jeunes. On y gagnerait une France moins égoïste, une France moins crispée sur ses avantages acquis…

Une petite histoire nous éclairera en ce sens. Un ami, père de deux filles, gagnait deux mille euros. Sa femme était fleuriste de formation. Un magasin lui propose de venir travailler. Elle décline l'offre : « Je préfère que vous proposiez cela à un jeune qui en a cruellement besoin ». En passant devant le magasin de fleurs quelques semaines plus tard, elle s'est réjouie d'y voir travailler une jeune fille.

Si nous avons un salaire suffisant dans le foyer, pourquoi ne pas mieux partager le travail ?

J'ai connu quelques vieux bourgeois, dans les Pyrénées, qui avaient donné la possibilité de travailler à deux jeunes sans emploi. Ils avaient monté une petite entreprise pour l'entretien et la rénovation des propriétés du village. Deux salaires, ce n'est pas rien. Comme la retraite des ancêtres devait être belle quand ils voyaient ces deux jeunes ex-chômeurs décorer le jardin !

Être un serviteur

Aujourd'hui trop de gens souffrent en entreprise. Les difficultés économiques font qu'on exige de plus en plus des employés, les patrons vivent un stress pas possible pour atteindre leurs objectifs, conquérir des marchés. Tous les coûts augmentent, mais les salaires pas beaucoup. Un étau se resserre et les relations humaines deviennent souvent exécrables : démissions, licenciements, suicides d'employés…

Devant ces difficultés, je demande aux dirigeants qui me lisent d'être plus compréhensifs, plus humains. Un patron est un bon patron lorsqu'il est le serviteur de ses employés, comme le Christ a été celui de ses apôtres. Le pape lui-même ne porte-t-il pas le titre de « serviteur des serviteurs de Dieu » ? François, notre nouveau pape, a fait des gestes très précis montrant qu'il est d'abord serviteur. Plus un chef d'entreprise sera attentif aux problèmes de ses subordonnés, plus il passera de temps à mieux organiser le travail au sein des différents services et ne mettra pas une pression injustifiée sur les uns et les autres, plus il sera un vrai chef.

Quant aux employés, ils doivent aussi de leur côté acquérir une humilité personnelle par rapport à leurs collègues, leurs tâches ou encore le projet de leur organisation. Essayez d'aimer votre travail, même au bas de l'échelle, de faire comme le disait sainte Thérèse de l'Enfant-Jésus, « tout par amour ».

Seul le respect humanisera le monde du travail, le rendra enrichissant et juste.

L’argent et son redoutable pouvoir

L’argent mène-t-il le monde ? Dieu sait qu’il s’étale de plus en plus sous nos yeux, à la télévision et dans les journaux. La publicité est très puissante. Les actionnaires peuvent contribuer à faire fonctionner l’économie. Mais la plupart se contentent de se remplir les poches. Si l’on en fait un dieu, l’argent peut devenir un maître tyrannique qui sèche le cœur, rend sourd et aveugle, et ne rend pas heureux. C’est une grande fragilité d’avoir trop de richesse.

Il gagne toujours

C’est l’argent qui gagne car souvent il nous change. Il ne fait pas toujours notre bonheur, c’est certain, mais il représente souvent le baromètre de nos rêves, l’arbitre de nos projets. À l'ère du numérique, le développement du monde est basé sur l'argent. Combien doit-on en avoir pour prétendre être quelqu'un ? Il est le témoin discret et actif de nos vies. Il est le compagnon d'infortune et d'espérance.

L'argent honore ou trahit. Il cimente les amitiés mais il les gâche aussi souvent. Il peut conduire à la liberté, évidemment. Quand on a ce qu'il faut pour vivre, on est libre. On peut payer l'assurance de sa bagnole, son loyer et ses loisirs… Mais l'argent mène aussi, sans qu'on s'en rende compte, à la dépendance et à la cupidité. Dans les pays les plus pauvres, on apprend à faire du chiffre avant de savoir écrire une lettre. Notre grande fragilité de pays développé est notre fascination pour l'argent.

> *L'argent est rond pour rouler.*
>
> Proverbe anglais

Amasser par crainte de l'avenir

L'argent fait partie de notre réalité quotidienne. À l'origine, il ne constituait pas une valeur en lui-même, mais une contrepartie destinée à rétablir l'équilibre dans un échange. Je te donne une vache et tu me donnes deux sangliers et un peu d'argent. Aujourd'hui l'argent suscite le désir, il nous transforme en automates, il nous fait peur.

Les comportements avec l'argent sont variés. On peut être radin, dépensier, généreux… J'ai entendu des gens me dire qu'ils avaient eu trop d'angoisses parce que leurs parents étaient pauvres qu'aujourd'hui ils veulent gagner beaucoup, pour ne pas se retrouver dans le besoin. L'argent est pour eux synonyme de sécurité. Pour d'autres, de confort ou de pouvoir… La crainte de l'avenir détermine notre rapport à l'argent.

Les attitudes sont multiples, elles découlent souvent de ce que chacun a vécu au sein de sa famille pendant son enfance. Notre vie d'adulte en est marquée, et même notre vie d'ancien. La famille entretient un dialogue permanent avec l'argent.

Une invitation à changer

L'argent est une invitation à changer, à évoluer, à mûrir. Dans l'Évangile, l'argent symbolise le jugement de Dieu. La parabole des talents permet de le comprendre.

Le patron s'en va. À un de ses serviteurs, il laisse dix talents, à l'autre cinq… Le troisième serviteur enfouit le talent qui lui a été remis. C'est lui qui sera condamné. Jésus ne lui reproche pas tant de n'avoir pas fait fructifier cet argent que d'avoir eu peur de le perdre. « Par peur, je suis allé cacher ton talent dans la terre », dit le serviteur. Le maître que cite Jésus ne signe pas de chèque en blanc. Il demande de rendre des comptes. Ça veut dire que, si nous avons la possibilité de gagner de l'argent, le Seigneur nous en demandera compte. Gagner est une chose, respecter l'autre en partageant en est une autre.

Je dirais que Jésus a institué une prime au risque. L'homme est appelé à faire prospérer ses richesses beaucoup plus intérieures qu'extérieures. Nous sommes dans une société qui nous appelle avant tout à la réussite matérielle. Ce qui amène à tous les dérapages si nos valeurs intérieures ne nous guident pas expressément.

> *Le seul intérêt de l'argent est son emploi.*
>
> Benjamin Franklin

Pauvreté de mon enfance

Je me souviens que ma mère nous faisait manger des navets, des choux et des rutabagas. C'était la guerre, nous habitions à Limoges et nous étions déjà neuf enfants. Les Allemands volaient les patates et le blé. Les anciens et les anciennes ont vraiment souffert de privations. À midi nous, les enfants, nous mangions à l'école. Le soir, ma mère nous préparait notre dîner, et quand il y avait des restes, elle les conservait et les recyclait le lendemain avec un peu de sauce. On ne jetait pas le moindre morceau de pain.

Nous n'avions presque pas d'argent de poche. De bonnes bigotes me donnaient de temps en temps quelques sous à la sortie de la messe quand j'étais en soutane. Je ne demandais rien à mon père : avec tant d'enfants, comment aurait-il pu ? Je portais les pantalons de mon frère aîné. Je les passais à mon frère cadet qui les passait à son tour à son petit frère. Nos vêtements étaient usés jusqu'à la corde. Voilà ce que j'ai appris enfant.

L'argent est un service d'amour

Mon père disait toujours que l'argent, « c'est de la merde ». « C'est pour vous que j'en gagne, et jusqu'au bout, je dépenserai tout pour vous. » C'est ce que j'ai fait à mon tour avec mes droits d'auteur : tout mon argent a été à notre association, à Faucon. Notre présence sur terre, c'est cela : donner tout aux autres.

Notre rapport à l'argent nous place sur un chemin intérieur très personnel, en fonction des événements et de notre itinéraire. Il n'y a pas de grande conversion spirituelle sans que le rapport à soi ne se transforme. Je ne parle évidemment pas de ceux qui gagnent dix millions d'euros d'un seul coup. Que feriez-vous si vous aviez dix millions ? On a constaté que, parmi les gros gagnants de l'Euromillions, certains se retrouvaient RMIstes quelques mois après, d'autres vivent de terribles mésententes familiales. L'argent gagné en masse ne fait pas le bonheur de tous.

Alors, souhaitons que l'argent ne remporte pas la victoire sur nous, qu'il ne soit pas le moteur de nos vies.

Ne soyons pas ce que pèse notre compte en banque, mais ce que nous pesons dans notre cœur. Que l'argent ne fausse pas nos existences. Si c'est un service d'amour, ça peut être une pure merveille. J'essaie de vivre ainsi.

Un formidable moyen d'éducation

Apprenons à nos enfants à maîtriser le désir de posséder. À Faucon, chaque jeune a un rapport à l'argent bien particulier. C'est passionnant à observer. Un cas qui m'a frappé est celui d'un jeune qui a arrêté de fumer pour avoir plus d'argent. D'autres avaient leur petit compte toujours plein. D'autres encore, toujours vide.

Pour les fringues, nos jeunes loubards d'aujourd'hui veulent des T-shirts marqués à quarante euros. On lutte tant qu'on peut : « Mon pote, le même T-shirt, tu l'as à dix euros moins cher sans les marques. Tu es en train de te faire baiser ! » Mais ils insistent, ils veulent la marque. Ils ont des portables, des mp3… Je leur rappelle souvent qu'au début on disposait d'un seul téléphone pour toute la communauté. Et les jeunes n'avaient que quelques sous d'argent de poche. C'est difficile de faire comprendre aux jeunes d'aujourd'hui ce qu'on a vécu. Ils écoutent, ils ne me prennent heureusement pas pour un vieux con, mais ils écoutent surtout quand un ancien de la Bergerie témoigne lui-même de son époque.

Les jeunes demandent plus que leur argent de poche : un bonus pour une sortie ou pour les vacances... À Faucon on maintient leur budget : « Non, tu n'auras pas plus. Premièrement tu vas travailler, tu vas te comporter correctement, et tu seras rémunéré en fonction de ça. » La frustration, la contrainte et le plaisir sont des notions qu'ils doivent apprendre. L'argent est un élément de notre éducation. Si au bout d'un mois un jeune s'est amélioré, il touchera un salaire supérieur à celui qui aura travaillé comme un bœuf mais aura fait chier tout le monde.

Apprenons-leur à partager

Nous leur apprenons à partager. On n'existe pas par son poids d'euros. L'argent est si futile, les grandes fortunes peuvent s'évaporer en Bourse... De grands patrons en faillite vont jusqu'à tuer femme et enfants dans leur désarroi. Le Seigneur a dit : « Ton trésor est dans ton cœur. » Affichez cette pensée pour que vos enfants s'en souviennent quand ils réclament sans cesse de nouveaux jouets. N'ayez pas peur de leur dire « non ». Montrez-leur qu'il y a des gens qui crèvent de faim pas loin de chez vous. Et demandez-leur de partager. Alors vos enfants sauront ce qu'est l'argent. C'est tout petit qu'on apprend. La chance de ma vie a été de vivre, enfant, dans la pauvreté.

Les fragilités de la sexualité

Le sexe apporte une certaine plénitude. Mais il peut aussi causer de grandes blessures.

La pornographie règne sur nos sociétés, on ne s'en aperçoit même plus : publicité, films, télévisions, magazines, propos banals de conversation… Nul ne se soucie apparemment de l'effet qu'elle peut produire. Parmi les plus fragiles, il y a les enfants, ceux que l'on retrouvera peut-être un jour à la rubrique des perversités. Quand je parle à des classes de jeunes, je demande qui utilise internet. Sur les quatre cents jeunes, trois cent quatre-vingt-dix-sept lèvent la main. « J'espère que vous ne regardez pas des cochonneries. » Ils éclatent de rire. C'est déjà une réponse.

À l'âge de onze ans, ils peuvent accéder à des sites pornographiques…

Une civilisation tourmentée par le sexe

Notre civilisation est très tourmentée par le sexe. Les sex-shops, les revues, les films, etc. font recette. Certains humains ont parfois des désirs insatiables et souvent mortifères. Les marchands du sexe s'en donnent à cœur joie.

Je suis frappé par un fait. Je reçois quatre cents demandes par an de prise en charge de jeunes mineurs en très grande difficulté. Je note depuis quelques années qu'un certain nombre des jeunes qu'on veut nous confier ont commis des actes de pédophilie. On ne voyait jamais cela auparavant. Souvent ils ont commis des attouchements sur des petits frères ou des petites sœurs, ces faits sont mentionnés dans leur dossier.

> *Le sexe est une envie, l'amour un besoin.*
>
> Jean de Limi

Veillez sur votre regard

Comment s'en sortir face aux tentations multiples dans le domaine du sexe ? Veillez sur votre regard. Veillez sur vos lectures. Veillez à ne pas chercher certaines scènes violentes ou sexuelles à la télé. Parents, méfiez-vous d'internet. Inestimable outil, mais que nos jeunes ne doivent pas consulter seuls. Une étude affirme qu'un jeune de dix-huit ans a déjà vu des dizaines de milliers d'images pornographiques. Leur portable aussi engrange de telles images, qu'ils s'envoient ensuite entre eux. Allez leur parler après de maîtrise sexuelle !

Osons parler de la fidélité

Nous ne sommes pas des vétérinaires. Si je donne parfois des capotes à mes jeunes qui désirent avoir des rapports passagers avec des copines, je leur dis toujours que je ne suis pas un distributeur automatique, et qu'ils doivent respecter le corps et le cœur de l'autre. Parler de sexualité avec mes jeunes est souvent un moment très beau et très fort. Il règne un silence extraordinaire parce qu'on s'aperçoit que, malgré leur éveil sexuel intense et assez précoce, ils n'ont souvent jamais entendu quelqu'un parler bellement du sexe. Ils plaisantent et rigolent, tiennent des propos carrément dégueulasses. Alors je tente de leur dire que la sexualité peut être quelque chose de merveilleux, de magnifique. Mais ça ne se manie pas comme ça, n'importe comment, parce que le cœur compte d'abord. Et j'ose leur parler de la fidélité, cette fleur de l'amour, ce trésor à protéger…

Je me souviens d'une conversation sur la sexualité, un jour, dans un resto avec une dizaine de jeunes. Comme ça m'a fait du bien, dix ans plus tard, qu'un ancien me dise : « J'ai jamais oublié ce moment. J'ai compris que le sexe, c'était pas sale. J'ai compris, pour la première fois, que ça pouvait être beau. »

Le lieu de l'appel de l'autre

La sexualité est le lieu de l'appel de l'autre. Beaucoup de gens vivent une grande souffrance à ne pas toujours rejoindre l'autre. On ne peut pas faire l'amour du matin au soir et du soir au matin. Le véritable amour, c'est une magnifique rencontre de deux cœurs et de deux corps. La sexualité éveille un désir apparemment impossible à satisfaire. À peine ce désir apaisé, il est de nouveau exacerbé. Nous devons nous dire que personne ne sera jamais à la hauteur de notre demande d'aimer et d'être aimé. C'est un point très important. Les corps sexués se pénètrent, mais ils se juxtaposent. La personne humaine éprouve un besoin infini d'être totalement en l'autre. Quel que soit l'orgasme vécu ensemble, il est impossible sur terre de réussir à être totalement en l'autre.

Pourtant, si on est seul, on n'est pas vraiment soi-même. Ce qui définit la sexualité, c'est que l'homme ne peut se suffire à lui-même. Il ne peut être sa cause et sa fin. Sa vie passe par l'autre, l'autre détient les clés de notre devenir de femme et d'homme. Il y a souvent des ratages, d'où la tentation de l'autosexualité basée sur la nostalgie d'un amour éternel, total et définitif.

Petits conseils

Vivez la sexualité comme un don. Ne faites pas l'amour trop jeune. Le risque est grand pour vous de chercher le plaisir sexuel d'abord, et parfois exclusivement. Le cœur et le corps sont liés dans la sexualité. Les couples peuvent dire que c'est un enchantement, une merveille, une splendeur quand ils savent mener une recherche sexuelle, quand ils ont la patience d'attendre et savent jouir ensemble, l'un pour l'autre.

Chercher d'abord le plaisir de l'autre est, dans l'amour sexué, fulgurance et enchantement.

L'Église redira cela jusqu'à la fin des temps, et elle semblera toujours dépassée. Mais, dans le monde érotique d'aujourd'hui, en prônant la maîtrise sexuelle, elle reste une lumière pour notre temps, tout en connaissant la faiblesse de l'homme devant ce désir irrésistible. Le sexe n'est pas un objet. C'est ce qu'il faut apprendre aux jeunes d'urgence, face à leurs fragilités aggravées par des tentations multipliées.

Fragilité des jeunes

Dans les aumôneries, dans les mouvements religieux et dans les rassemblements, les jeunes se questionnent, interpellent, débattent. Mes loubards aussi se posent des questions existentielles. Ils sont menacés par toutes ces fausses valeurs que véhicule la société de consommation : tout est bon pour que les affairistes de tout poil fasse des profits en jouant avec les instincts les plus bas des individus : jeux, drogues, sexe… Notre responsabilité est mise à l'épreuve : adultes, soyons présents pour que les jeunes réussissent leur vie.

L'ère du vide

Nous devons les aider à sortir d'une certaine désespérance qui les hante. C'est magnifique d'assister à leurs questionnements à un âge où ils ont autant de puissance que de fragilité. Écoutez les jeunes à pleins tubes, même s'ils emploient parfois des mots malhabiles. Il s'agit d'entendre leurs questions, même si vous ne savez pas répondre à tout.

Nous devons leur dire que leur réussite s'accomplira lorsqu'ils feront réussir les autres : « Ta vie compte, mais, sans les autres, elle est bancale. »

Certains ont tout. D'autres moins. Nous, les adultes, avons le devoir impérieux de les interpeller, de les mettre sur la route, de leur indiquer des points de repère. Ils ont besoin d'entendre de notre part des paroles fortes, sans concession, les appelant au plus haut. Alors, cette fameuse « ère du vide » peut devenir l'ère, créatrice, du don aux autres. C'est là la seule façon d'en faire demain des adultes debout et libres.

Communier à toutes les souffrances

Combien de fois ai-je entendu : « Vous recevez bien peu de jeunes à Faucon… Il y a si peu d'élus et tellement de demandes ! » D'abord, c'est la loi qui nous l'impose. Ensuite, c'est une règle que je me serais de toute manière imposée pour que la horde ne se reconstitue pas. Nos jeunes ont besoin d'une présence forte : un éducateur chacun.

« Si tu sauves une seule personne, tu sauves le monde entier », dit une sourate du Coran. J'en suis convaincu.

Vouloir tout faire, c'est ne plus rien faire. Faire peu et aller jusqu'au bout, voilà, me semble-t-il, la performance.

Chacun, avec ses dons, peut faire quelque chose. Ne quantifions pas nos gestes de bonté.

Je n'ai jamais cherché à devenir une multinationale, mais à faire vivre un esprit en restant à taille humaine. Je continue à appeler chaque jeune par son prénom, à connaître les petites choses qu'il aime, à observer toutes ces frimousses quand j'arrive le vendredi en fin de mois.

Soyez là pour vos gosses !

On ne peut pas, en tant que chrétien, monter une cloison entre sa vie personnelle de croyant et son activité professionnelle. Vous n'assumez plus parfois votre rôle de parents parce que vous êtes pris par beaucoup d'autres choses, surtout par les désirs matériels.

Si vous affrontez des tas de problèmes de travail, vous n'avez plus le temps de voir les signaux que vous envoient vos enfants, signaux dont certains sont infirmes. Si vous êtes en éveil, vraiment, vous les verrez.

Les jeunes illuminent toujours un foyer. Ils n'éteignent jamais les lumières.

Anonyme

Quel héritage laissons-nous à nos enfants ?

Des parents me confient qu'ils travaillent comme des dingues pour que leurs enfants ne manquent de rien, qu'ils font des heures sup' pour leur offrir une résidence secondaire… Je les mets en garde : « Ne vous inquiétez pas, ils pisseront dessus. Travaillez plutôt à ce qu'ils aient une morale d'enfer, une spiritualité forte. Le reste est peu de chose. »

Souvent, l'enfant devient adolescent au moment où le père grimpe dans l'échelle sociale et où, de plus en plus accaparé par son travail, il a moins le temps d'être présent dans le nid.

À une époque ouverte à tous les vents culturels, moraux et spirituels, si vous prenez votre temps, votre enfant sera riche. Les dérives dangereuses, patiemment signalées, leur indiqueront dès leur plus jeune âge qu'on ne peut pas tout vivre ni tout faire.

C'est là que se situe votre combat d'aujourd'hui.

Heureux le couple qui n'a pas peur de refuser l'ascension sociale, de renoncer à un salaire plus important… pour rester présent à sa famille.

Jamais on ne retrouvera le temps qu'on aurait dû passer avec eux. La présence des parents est essentielle. Une des plus grandes fragilités des couples, c'est leur absence pendant l'enfance et l'adolescence de leurs mômes. Nos jeunes ont tellement besoin de se sentir aimés !

Les blessés de l'amour

Je salue tous les amoureux, je salue aussi tous ceux qui ont été amoureux, tous ceux qui ont perdu un amour. Aujourd'hui, en France, près d'un couple sur deux divorce. C'est une des épreuves les plus cruelles qu'il soit donné de vivre, une plaie qui met toujours longtemps à se cicatriser. Ceux qui sont passés par là se retrouvent fragiles et incertains lorsqu'une nouvelle possibilité d'aimer se présente à eux.

Bal musette

Aujourd'hui, l'usage est de changer de partenaire comme dans un bal musette, ce qui est détestable parce qu'on en éprouve tôt ou tard un sentiment de vide, de relativisme. Je me souviens d'un mec qui aimait vraiment beaucoup sa gonzesse. Comme je lui demandais s'ils avaient l'intention de vivre ensemble, il m'a répondu : « Mon grand-père et ma grand-mère sont divorcés, mon père et ma mère sont divorcés… Non, je ne m'allierai pas… »

Nos jeunes s'installent de plus en plus dans une certaine désespérance en l'amour. Un môme qui venait de perdre son grand-père me disait : « C'est pas grave, je m'en fous, j'en ai trois autres ! »

Évidemment, il comptait la famille de sa belle-mère.

Je vis avec des jeunes et j'ai pu observer que la séparation ou le divorce de leurs parents les disloque, les vrille, les évide. Nous ne saurons jamais combien les enfants sont atteints et blessés ; ils éprouvent une sorte de dégoût. Et souvent, ils ont peur de la fidélité à leur tour.

> *L'importDont dans le divorce, c'est ce qui le suit.*
>
> Hervé Bazin

Un véritable amour, c'est pour toujours

C'est pour ça qu'il faut commencer par bien choisir. La passion, c'est très dangereux parce qu'on ne voit pas du tout les faiblesses de l'autre, on est aveuglé par le désir, on trouvait la fille si belle (oubliant ces mots de Cocteau : « La beauté, c'est ce qui fait passer les dix premières minutes »). Vous vous mariez à la va-vite et vous vous apercevez, au bout de quelque temps, qu'il n'y avait pas entre vous véritablement quelque chose de fort, que c'était une illusion. Une passade. Quelque chose de bien, mais juste pour un temps.

Six mois…

On a consacré un temps fou à ses études pour se préparer à la vie professionnelle, on a un bac plus dix, plus quinze, alors qu'on s'embarque sur un coup de tête dans la vie de couple, quelques mois seulement après la rencontre… sans bagages, sans assurance ; et on bâcle la plus belle aventure de sa vie.

Il m'arrive souvent de croiser des types en souffrance parce que leur gonzesse est partie avec leur môme après une relation d'un ou deux ans. Je ne manque jamais de leur demander combien de temps ils ont consacré à leurs études pour obtenir ce poste prestigieux qu'ils occupent. Bac plus huit… Mais quand je leur demande combien d'années ils ont consacrées à la plus belle aventure de leur vie, ils avancent timidement : « Six mois. » Au bout de six mois, la relation commence à déconner, l'enfant naît et la femme se casse avec le bébé. Ou c'est le mec qui part. Ils n'avaient pas pris le temps de faire connaissance.

Amère fusion

Les séparations sont souvent conséquence de la fusion. On ne peut pas se passer l'un de l'autre, et inexorablement, dans ce corps à corps, on n'a rapidement plus rien à se dire. Il peut surgir des difficultés financières, des problèmes familiaux, des frustrations de toute sorte. L'homme et la femme doivent savoir qu'on ne peut pas suffire à l'autre. Qu'on reste seul, irrémédiablement.

Le cœur et la sexualité visent un au-delà, et entretiennent l'utopie d'un amour éternel. Sachez que l'éternel amour, vous ne le trouverez vraiment que là-haut.

Terrible fin pour une belle histoire

Quand la relation devient agressive, destructrice, il est préférable d'envisager une séparation en attendant des jours meilleurs. C'est ce que conseille l'Église catholique pour préserver jusqu'au bout les chances d'une réconciliation. Mais si le divorce s'annonce, il faut bien mesurer les conséquences de ce choix. Difficile d'effacer une histoire commune, difficile d'effacer la souffrance aussi.

Le divorce sépare les intérêts de l'enfant de ceux de ses parents. L'enfant est la première victime. Les spécialistes de la vie de famille nous disent que la cause la plus importante du mal-être actuel des enfants est l'affaiblissement des liens familiaux.

« C'est un bon divorce ! »

La séparation d'un couple, surtout lorsqu'il a des enfants, est une souffrance qui mérite attention, respect et soutien. On me dit de plus en plus souvent : « C'est un bon divorce. » Ces mots me hérissent. Quand j'écoute les mômes, j'ai un autre avis, j'entends bien autre chose. L'adulte a la capacité d'intellectualiser son divorce, même s'il le vit durement. L'enfant, lui, le vivra toujours très difficilement.

Moi qui vis au milieu des gamins en souffrance, je constate qu'à cent pour cent, nos jeunes ont des parents divorcés ou séparés. Je vois les dégâts énormes que cette rupture a provoqués chez eux

On se rend compte que la plus belle des aventures n'est pas d'avoir une maison somptueuse ou la plus grosse bagnole ! Non, la plus belle des aventures, la plus grande réussite, c'est l'amour.

On continue

Est-ce qu'un couple peut tenir toute une vie ? Oui, je le pense. Le combat est difficile, mais il en vaut la peine.

L'amour entre deux êtres est une aventure qui vaut la peine, il faut se battre pour réussir.

Que faire pour sauver l'amour? L'important est de prendre du temps, de parler en profondeur. Faute d'approfondir leur amour, beaucoup d'époux sont vite frustrés et déçus. Ils tiennent souvent ce langage : « Nous n'étions pas faits l'un pour l'autre. » Parfois même : « Avec un(e) autre, ce serait différent. » Une épreuve, une rencontre peuvent alors précipiter la rupture. À moins que le couple ne se décide à prendre des moyens à la hauteur de l'enjeu. Des psychologues peuvent vous aider à renouer l'écoute et le dialogue; des prêtres peuvent vous accompagner, vous proposer une retraite pour couples dans un cadre chrétien.

Seul l'Amour de Dieu vous unit

Si vous pensez que seul l'amour humain vous unit, alors vous avez tout faux. Seul l'Amour de Dieu peut le faire. J'ai connu des couples qui auraient pu divorcer et se séparer comme des milliers d'autres, mais ils avaient un tel sens du Dieu-Amour qu'ils ont su pardonner les dérives de l'autre et continuent à vivre un amour merveilleux.

Quand on aime et qu'on a confiance, on pardonne, on se donne, et on s'abandonne à la personne aimée. Cette structure est similaire à celle de la messe : on demande pardon avant, ensuite il y a le don de la parole, et enfin l'eucharistie, le Seigneur qui se donne à nous.

Des conseillers conjugaux sont là pour aider les couples dans tous les diocèses. Certains d'entre eux font un boulot extraordinaire.

Quant au prêtre, il n'encourage évidemment pas à divorcer, mais il aide, quand il peut, à vivre les conséquences de ses décisions. Selon la loi du Seigneur, un mariage est une chose magnifique à vivre et le couple est appelé à la perfection. On n'est pas parfait, quand on se marie, autrement on ne se marierait jamais. Alors, sachez accepter que vous ne soyez pas parfaits, et allez ensemble sur le chemin de l'amour.

Prière d'une divorcée

C'était un vendredi, un vendredi lourd de vécu mal vécu, quand il m'a dit : « Je ne t'aime plus... Je t'ai trompée, je le ferai encore, tout est fini... »

Coup de tonnerre en mon cœur, chaos des joies et des peines : le vertige, la peur.

Seigneur, Tu nous connais : un couple normal, construit jour après jour, enfant après enfant.

Tout bascule, tout s'écroule. Seigneur, la croix est lourde.

Les yeux embués de larmes, aveuglée, épuisée, je me suis répété instinctivement, comme en randonnée de montagne : marche, marche, c'est la seule solution.

Alors, j'ai fui, fui dans le divorce, pensant que c'était la seule route possible. J'ai voulu fuir la haine qui m'envahissait, qui gagnait toute la maison.

En plus de ma déchirure, de ma peine, de celle de mes enfants, j'ai découvert l'échec, la honte, et puis la solitude.

Seigneur, explique-moi : quel crime ai-je commis ?

Par réflexe, j'ai regardé Ta croix, mais je n'y comprenais plus rien. Une voix me disait : marche, marche encore !

Petit à petit, mes yeux ont séché, puis un jour de Pâques, j'ai été éblouie : Seigneur, Ta croix n'a de sens que suivie de Ta résurrection. D'un seul coup, j'ai aperçu comme un lumignon à l'horizon, encore faible et éloigné : une espérance à creuser, à prier, peut-être un nouveau départ.

Et puis j'ai découvert l'amitié, la vraie amitié, j'ai pu regarder d'une autre façon cette croix, j'ai pu essayer de comprendre cet échec, oser le regarder en face.

J'ai entendu crier les autres. Restons ensemble.

Plus tard, on pourra leur dire que Tu as une tendresse particulière pour ces blessés de l'âme que nous sommes.

Seigneur, Tu ne nous as jamais abandonnés.

La solitude

La solitude gagne du terrain

En trente ans, la proportion des solitaires a doublé, et cela dans toutes les classes sociales et dans toutes les classes d'âge. Aujourd'hui, neuf millions de personnes vivent seules en France. Une personne sur huit, environ. La solitude a évolué. On vit de plus en plus vieux, on est autonome plus longtemps. Les vieux parents vivent de moins en moins sous le toit des enfants. Les femmes seules sont plus nombreuses que les hommes. Elles nous tuent plus vite que nous les tuons, doivent penser certains hommes…

Les lieux d'accueil pour les anciens se multiplient. Les maisons de retraite reçoivent des pensionnaires jusqu'à soixante-douze ou soixante-quinze ans. Ils sont acceptés à condition d'être suffisamment autonomes. C'est dur de quitter sa maison, mais il ne faut pas croire que c'est la fin de tout. À soixante-quinze ans, on peut encore refaire une vie, recréer des liens.

Les personnes âgées ne désirent pas habiter des lieux isolés à la campagne ! Elles désirent du bruit, du commerce, de la vie. La plupart du temps, c'est en plein centre-ville que se situent les maisons de retraite. Les anciens veulent continuer à vivre au milieu des autres gens, il faut les aider à nouer ces contacts.

Qui sont les solitaires ?

Les riches et les pauvres. Je regardais une émission de télévision sur les urgences. Un pauvre vieux était tombé de son fauteuil. C'était étonnant d'entendre le cri de ce vieillard : « Je suis tombé parce que je suis seul. » En se levant, il avait vacillé et il était resté par terre plusieurs heures avant qu'on le trouve.

Je me souviens d'une vieille dame qui m'avait écrit et que j'étais allé voir. Elle vivait toute seule dans le seizième arrondissement, avec son majordome. Elle n'avait personne d'autre. Sa famille la rejetait parce qu'elle était laide, et lui rendait visite très rarement. Elle est morte maintenant. J'avais été très ému par sa solitude. On avait eu le temps de tisser des liens forts. Nous nous écrivions souvent.

Les cœurs trahis

Ceux à qui l'on dit : « Je ne t'aime plus » et que l'on quitte souffrent d'une blessure qui peut rester ouverte toute la vie. Certains renoncent complètement à tout autre amour. Parmi les veufs et veuves, certains se remarient, mais d'autres ne peuvent pas admettre une autre personne dans leur vie. J'admire cette forme de fidélité. Ils n'ont eu qu'un être aimé dans leur vie et ils n'en veulent pas d'autre. C'est très dur. C'est très beau.

L'âge, l'infirmité, la prison, la maladie peuvent nous isoler. Les malades sur leur lit d'hôpital, les mourants abandonnés par leur famille, les prisonniers et prisonnières que je connais bien vivent de grandes solitudes. L'une des plus difficiles à supporter : celle de la femme et des enfants du prisonnier.

> *La tristesse vient de la solitude du cœur.*
>
> Montesquieu

Il y a aussi des solitaires heureux

Ce sont de vieux sangliers comme Fernand, notre sanglier de Provence. Certains ne peuvent pas vivre avec une autre personne. Ceux-là ne sont pas malheureux, puisqu'ils ont choisi d'être solitaires.

Voici, pour conclure, une citation de frère Roger de Taizé que j'apprécie particulièrement car elle permet de nous rendre compte que la solitude fait partie de nous-mêmes, qu'elle est naturelle, essentielle même :

« En tout homme et femme se trouve une part de solitude, qu'aucune intimité humaine ne peut combler. Pas même l'amour le plus fort entre deux êtres. Qui ne consent pas à ce lieu de solitude connaît la révolte contre les humains, contre Dieu, contre lui-même. »

De plus, j'ai constaté ceci : un(e) jeune adulte qui assume bien sa solitude avant de trouver son(sa) conjoint(e) réussira mieux sa vie de couple que celui ou celle qui ne supportait pas sa solitude avant de convoler.

Emplir sa vie de solitude, de méditation, de temps pour soi renforce la personnalité et permet de solidifier ses certitudes. Ne pas supporter d'être seul déstabilise et empêche d'affirmer sa personnalité pour affronter la vie à deux. Vivez votre solitude comme une attente. Sachez qu'elle n'est jamais stérile si vous pouvez la remplir positivement. Pour un croyant, sa foi lui dira que Dieu est sa consolation et une présence d'amour qu'aucun être ne pourra égaler.

Se sentir vieux

Vieillir, soit on ne s'en rend pas compte, soit on le refuse. Certains anciens regardent leurs vieilles photos et se lamentent !

À force de se comparer à soi-même, on se sent diminué. « Du lit à la fenêtre, puis du lit au fauteuil, et puis du lit au lit », disait encore Jacques Brel. Certes, on marche moins bien, l'ouïe commence à baisser, on porte des lunettes, le sommeil vient plus difficilement, la mémoire déraille parfois, les articulations commencent à grincer, le souffle est plus court, la silhouette change, on grossit, on diminue, on a une bosse dans le dos ou sur le ventre, on perd des pièces, un peu comme une vieille guimbarde, on passe de la grosse cylindrée à la bicyclette, et de la bicyclette au fauteuil. On se sent faible, si faible parfois ! Non, vraiment, il vaut mieux ne pas comparer !

Le temps de la suprême pauvreté

Se sentir vieux est lié au sentiment de diminution de la relation au monde. Je connais des anciens qui pètent le feu, qui lisent les journaux tous les jours. Mais beaucoup d'autres abandonnent les projets auxquels ils se consacraient. Certes, il existe des misères physiques, mais le pire ce sont les épreuves de la solitude, et l'humiliation de la dépendance… C'est le temps de la suprême pauvreté, qui peut faire perdre le goût de vivre. C'est une grande fragilité.

Parfois le conjoint est mort, ou l'on est séparé. Quant aux enfants, ils sont partis depuis bien longtemps. Maintenant que toutes les chambres sont libres, la maison est trop grande. Cette baraque qui était pleine de vie n'est plus encombrée que de souvenirs ! Bonjour, le temps à passer pour nettoyer, ranger, et… tondre la pelouse !

Si on est deux et qu'on s'aime, alors évidemment c'est différent. Mais si on s'est tolérés pendant trente ou quarante ans uniquement parce que l'autre partait le matin au boulot pour revenir le soir, et le week-end parce que le mari allait à la pêche, alors bonjour, le huis-clos ! Bonjour, l'angoisse !

Vous avez bien toujours quelques fleurs à soigner, un chat ou un chien à entretenir, mais ça ne va pas loin. La paresse arrive et, avec la paresse, l'ennui gagne. C'est le moment de réagir et d'établir un programme strict, tout en acceptant ses limites.

Maisons de retraite et « déserts de solitude »

« Quand bien même les soins physiques prodigués par les médecins et le personnel soignant seraient excellents, ils ne peuvent empêcher le fait que couper des personnes âgées de la vie normale et les rassembler avec des inconnus signifie les condamner à la solitude », écrivait le philosophe Norbert Elias.

Ces mots sont profondément justes. La plupart des gens ont formé avant leur retraite des liens affectifs avec des personnes, avec des lieux, des objets même. Ces liens sont subitement brisés.

« Voilà bien le plus difficile, continue le philosophe, cette exclusion silencieuse des êtres vieillissants de la communauté des vivants, le refroidissement progressif de leurs relations avec des êtres à qui allait leur affection, qui représentaient pour eux un sens, une sécurité. »

Les lassitudes, les échecs et l'usure peuvent envahir votre âme. On s'affadit si vite. On s'habitue si facilement. On peut entendre des cris de désespoir sans les écouter.

Après le galop d'essai de l'apôtre qui en veut, qui court partout, qui n'est qu'élan, on se met à avancer à petits pas, à reculer même, à s'entourer de garde-fous, à travailler avec filet et craindre plus que tout le risque.

À tout âge, revenir sans cesse au premier appel est la priorité, bûchée, revue, corrigée.

« À l'homme intérieur de progresser », disait saint Paul. Le reste peut se décrépir. L'appel, lui, doit rester olympien. Comme un athlète de Dieu, à moi de l'entretenir. Mon dopage quotidien : l'eucharistie, la méditation, le chapelet, le bréviaire. Me noyer sans cesse dans le regard de l'autre pour y trouver la part de cristal où Dieu se cache. Je fonce avec joie, sans peur. Ce sont mes boussoles quotidiennes.

> *L'inquiétude amène la vieillesse avant le temps.*
>
> Ben Sira

Notre peur de la mort

La mort ! Ah ! la mort. On l'appréhende, on calcule, on recalcule et l'on se dit : « Voyons, combien de temps il me reste ? »

La mort, on la craint ou on l'attend calmement. Autour de nous, les deuils se multiplient et nous troublent. Le cercle d'amis se rétrécit…

Il ne faut pas avoir peur de la mort, mais au contraire s'y préparer. Comment ? En vivant sa vieillesse à fond. La vie est un super-cadeau, à n'importe quel âge. Il faut profiter de ce cadeau jusqu'à son dernier souffle.

Donc j'accepte de vieillir avec mes dentiers, ma maladie de Parkinson, mon arthrose, mes cannes, ma vue qui baisse, etc.

Pourquoi vous faire de la bile ?

Allez, pour rire un peu, cette ordonnance de Samuel Jamile, médecin traditionnel zulu :

Vous allez bien ou vous êtes malade.

Si vous allez bien, il n'y a aucune raison de vous faire de la bile.

Si vous êtes malade, pourquoi vous faire de la bile ?

Ou bien vous allez guérir, ou bien vous allez mourir.

Si vous guérissez, vous n'aurez plus à vous faire de la bile.

Mais si vous mourez, pourquoi vous faire de la bile ?

Ou bien vous irez au Ciel, ou bien vous irez en enfer.

Si vous allez au Ciel, vous n'aurez plus à vous faire de la bile.

Mais si vous allez en enfer,

Vous aurez tant de boulot à serrer la main de tous vos amis,

Que vous n'aurez plus le temps de vous faire de la bile.

La violence du monde

Nous nous sentons profondément démunis par rapport aux graves problèmes de société, à la misère qui hante les trottoirs des grandes villes déshumanisées, aux guerres, aux famines, aux attentats, au désastre écologique… Et ce ne sont pas les émissions de télévision qui nous aident à prendre une distance ou à réfléchir. Bien au contraire, les médias nous hantent, nous harcèlent et nous matraquent. Pour eux, une bonne nouvelle est une mauvaise nouvelle.

Horreurs en boucle

On a calculé qu'un téléspectateur planté devant son téléviseur, de midi à minuit, se coltine au minimum 670 meurtres, 15 viols, 20 scènes de cul et une incalculable multitude de débilités par semaine. Tu passes d'un attentat meurtrier à une pub pour un bain moussant, puis d'une prise d'otages sanglante à l'élection de Miss France… Certaines informations te glacent le cœur, d'autres te vident le cerveau.

Les médias repassent les horreurs en boucle, ça fait de l'audimat et ça vend de la pub au milieu. « Une image vaut mille mots », dit-on, certes, mais l'émotion qu'elle véhicule ne permet pas le discernement. L'image nous glace et nous tétanise. Elle ferme les écoutilles de l'esprit critique, nous fait tanguer d'un côté ou de l'autre, selon la politique du moment, et nous force à « choisir un camp ».

Quant à la publicité qui s'intercale : cette « science de stopper l'intelligence humaine assez longtemps pour lui soutirer de l'argent », elle utilise la beauté divine comme instrument de conquête et de tromperie. Alors cette beauté devient produit marchand, objet et instrument. C'est Mozart en musique de tiroir-caisse, c'est la jolie fille du coin remplacée par une anorexique dont on veut nous faire croire qu'elle correspond aux canons de la féminité. Pour vendre une voiture ou une perceuse électrique, on nous montre un cul ou des jambes…

La beauté devient pire que la laideur.

> *Les démons proposent ces couleuvres que sont les choses du monde. Ils présentent ses joies comme étant éternelles, en quelque sorte.*
>
> Sainte Thérèse d'Avila

Méditez

Pour décoder la violence de ce monde et retrouver une certaine sérénité, il faut pouvoir différencier le bon grain d'une émission et l'ivraie dans laquelle elle se vautre. Ayez une prudence de Sioux. « Méditez » les catastrophes que l'on vous présente. Faites monter une réflexion (mieux encore : une prière) qui refuse de se fixer sur un seul camp. Refusez le blanc comme le noir. Un criminel que l'on vous présente à la télé comme un monstre vous ferait vaciller si vous l'entendiez crier en plein tribunal la terreur que lui inspirait son père, son premier bourreau. On perçoit alors qu'il aurait pu avoir une tout autre existence. Et on se tait.

La télévision passe sur ces « circonstances atténuantes », les journaux, moins. Alors lisez plutôt la presse afin de ne pas succomber à cette atroce pornographie qu'est l'étalage médiatique des crimes sadiques, dont l'effet est de nous déstabiliser, de nous « bestialiser », et de générer une véritable angoisse. Or un chrétien ne peut pas désespérer du monde. La charité est le maître mot de l'Évangile et ce mot-là, souvenez-vous-en, a mille fois plus de puissance qu'une image, car il est rempli de l'amour de Dieu.

Les médias banalisent la souffrance

Les vrais problèmes de société sont souvent traités à une vitesse stupéfiante, affligeante. On banalise tout. On vous présente une guerre après une opération humanitaire. On rend compte des « scores » de part et d'autre comme pour un match de foot. Les jeunes happent malheureusement ces émissions flashs qui les désemparent et les rendent inaptes à différencier le bien du mal, le beau du sordide.

Nous sommes tous des handicapés

Il y a tant de blessures dans la vie. Nous sommes tous des handicapés. Chacun est crucifié à l'endroit où il aime. Dans mon sacerdoce, je tenterai toujours, jusqu'au bout, avec mes équipiers, de dessiner le visage de l'espérance.

« Société sans espérance », clament les marchands de pessimisme. D'accord, les atteintes à notre humanité existent cruellement, mais une spiritualité laïque faite de courage, de solidarité, peut dynamiser à fond ceux et celles qui la pratiquent. Nous, chrétiens, avons un trésor prestigieux où nous pouvons puiser, à condition de croire aux paroles du Christ : « Sois sans crainte, je suis avec toi. »

Nos appels innombrables ne lassent pas le Christ, toujours prêt à nous transmettre sa force. La prière est la source de notre propre force.

Souffrance et lumière de la croix

Nous avons été créés en forme de croix. L'enfant qui fait ses premiers pas et qui a peur de se casser la gueule ouvre ses bras vers son père et sa mère ; l'homme et la femme quand ils s'aiment s'enlacent de leurs bras ; le prêtre célébrant étend ses bras aux dimensions du monde. Inscrivant en son corps sa vocation, l'homme est fait en forme de croix, une croix fragile par rapport à la souffrance.

La souffrance du Christ

Qu'est-ce qui manque à la souffrance du Christ ? La nôtre. Dieu nous aime et c'est par la Passion que nous connaissons Son amour. Faisons ensemble ce chemin de croix.

Un chrétien doit trouver dans la souffrance et l'épreuve des motifs d'aller plus loin. Car la croix est l'emblème du chrétien.

Certaines personnes me disent parfois : « C'est répugnant que vous adoriez un homme sur une croix, un mec torturé. » Je leur réponds que cette croix sublime me donne chaque jour la force de me dépasser. Que cette lumière de la résurrection au bout de la croix m'appelle vingt-quatre heures sur vingt-quatre à tout donner. Que nous courons vers cette lumière, et que ce chemin de croix nous y aide.

Le pape François nous a, dès le début de sa papauté, instruit sur les chemins de la lumière en insistant sur la croix qui est notre guide, notre force, et qui donne des fruits étonnants pour avancer. Il a dit à ses frères cardinaux cette phrase qui reste célèbre : « Quand nous marchons sans la croix, quand nous édifions sans la croix et quand nous confessons un Christ sans croix, nous ne sommes pas disciples du Seigneur : nous sommes mondains. »

« Renonce à toi-même »

C'est la première consigne du Christ, et cela veut dire : ne flambe pas pour en foutre plein la vue aux autres, crois que l'autre est toujours plus grand que toi, va toujours du côté des plus faibles, sois toujours du côté des perdants, ne juge jamais l'autre, ne sois pas empoisonné par la rancune et la haine; pardonne toujours, n'aime pas par calcul mais gratuitement, aime l'étranger de façon prioritaire, accepte que l'autre soit différent, sois doux et humble.

C'est cela, « renoncer à soi-même », et beaucoup d'autres choses encore. Supporter tout ce qui nous est pénible est la meilleure façon de suivre le Christ. Si nous lui portons un invincible amour, il nous répondra toujours par les merveilles que nous ferons en son nom. On se retrouve toujours en renonçant à soi. Le chrétien a un secret invincible, c'est l'amour. Mais il faut qu'il déblaie dans sa vie tout ce qui n'est pas essentiel : dur chemin, combat de tous les jours. La croix lumineuse est au bout de la route. Des chemins les plus escarpés, le Christ fera des autoroutes fluides. C'est ainsi que j'entends sa parole : « Mon joug est facile à porter et mon fardeau léger. » J'ai toujours gardé cette phrase de Jean-Paul II dans un coin de mon cœur : « Si vous avez l'amour et si vous croyez qu'il vient de l'amour de Dieu, alors vous êtes invincible. »

Alors, porter sa croix chaque jour est une grande joie pour celui qui renonce à lui-même. L'amour du chrétien pour Dieu et pour les autres lui fera comprendre que toute souffrance est rédemptrice. Elle n'est jamais perdue ni gaspillée.

« Seigneur, donne-nous Ta force »

J'aime bien cette phrase de saint Paul : « Jetez en Lui tous vos soucis, Il prendra soin de vous. » Dans mes journées lourdes de cris d'angoisse, combien de fois ai-je jeté en vrac au Seigneur les soucis des autres : « Seigneur, donne Ta force de vie à Jean qui m'écrit de sa cellule qu'il pense souvent au suicide » ; « Suscite l'espérance chez ce couple qui vient de perdre son premier enfant et qui, meurtri, n'en veut plus d'autre » ; « Accompagne dans la paix cette vieille amie qui s'en va vers Toi dans de grandes souffrances. » Et surtout : « Donne-moi la force de porter tant d'êtres, moi si limité et si fragile. »

Combien de fois ai-je regardé avec amour une des multiples croix qui ornent ma permanence parisienne ? Les jeunes chrétiens ou non-chrétiens m'en ont offert de multiples. Je les garde précieusement. Un seul regard suffit. Rien n'est dit et tout est dit. J'aime aussi regarder avec amour les multiples calvaires qui d'un seul coup apparaissent au détour d'une route.

Scandale de la souffrance

L'image nous heurte : Dieu le Père a envoyé Son Fils dans le monde par amour. Et finalement Il l'a envoyé au supplice de la croix. Scandale de la souffrance de l'innocent. Pourtant, « la majorité des souffrances du monde vient des hommes », c'est Jean-Paul II qui l'a dit. On reproche à Dieu la souffrance ? Mais si les ours polaires sont en train d'acheter des congélateurs dans l'Arctique, ce n'est pas parce que Dieu fait fondre la banquise ! C'est à cause de notre connerie et de notre pollution ! Si, dans cinquante ans, les eaux des océans recouvrent la Hollande, ce sera notre très grande faute. Les souffrances et les catastrophes sont dues à nos manquements.

La souffrance des accidentés de la route résulte de nos imprudences, de nos inconséquences, de notre légèreté criminelle. Souvent. Trop souvent.

Remplir la souffrance de sa présence

Le Christ n'est pas venu expliquer la souffrance. « Il est venu la remplir de sa présence », disait Claudel. Il n'est pas venu donner de grandes explications sur la souffrance, il l'a assumée, il l'a vécue. Il est venu l'habiter. C'est en l'habitant qu'il lui a conféré un sens. Devant la mort tragique de jeunes qui disparaissent accidentellement et violemment, je pense : « Il est ressuscité maintenant. Il vivait dans la violence, elle s'est retournée contre lui, mais il est dans la lumière maintenant, parce qu'il cherchait l'amour. »

J'ai accompagné récemment un de mes anciens après la mort de deux de ses jeunes enfants – victimes d'un incendie avec trois de leurs demi-frères et sœurs.

Que lui dire? Rien. Rester seulement avec lui durant un jour et demi. Lâcher tout rendez-vous et le rejoindre. Il est des souffrances où la seule présence d'un ami est l'unique réconfort possible. Et surtout, surtout, continuer à dialoguer après cet horrible moment vécu avec lui. Ne rien lâcher. Continuer à apaiser.

> *Ce qui importe, ce n'est pas que les autres t'aident à porter ta croix, mais que toi tu les aides à porter la leur.*
>
> Jean Breton

Inventif à l'infini

Le Seigneur nous demande de compatir à la souffrance des autres. Partagez l'angoisse et aidez l'autre à se battre contre la maladie. L'humanité de l'homme est inaccessible aux seules seringues, aux seuls diagnostics.

Il faut saluer le travail admirable des médecins et des infirmières, mais saluer aussi tous ceux qui se tiennent auprès des malades parce que par leur présence ils donnent un sens à la souffrance.

La force de l'amour vainc tout. Jésus, abandonné, seul, a gagné toutes les batailles. Le fils de Dieu est mort par amour. Saint Vincent de Paul disait : « L'amour est inventif à l'infini. »

Le problème de la fin de vie ne peut être résolu par l'euthanasie. Les soins palliatifs doivent être donnés.

Pour cela, il faut former les infirmiers. Mais, seule la présence jusqu'au bout des proches permettra de mourir dans la dignité.

Parmi les paumés de la vie

Le Christ est parti il y a deux mille ans. Mais pour un chrétien, un catholique, un orthodoxe, il est présent, il est là pour l'humanité entière et on ne cesse de croire en lui.

Comment est-il présent ? Par sa parole. Si nous croyons à cette parole, il est là pour nous, par les sacrements, par la liturgie, par la prière, par la communauté chrétienne. Il est présent parmi les plus petits, les plus humbles. Quand on rencontre quelqu'un de paumé, quelqu'un d'écrasé, quelqu'un qui souffre d'un deuil, d'une maladie ou d'autre chose, il est présent, en priorité.

Pardon

La plus grande réussite du Christ fut son talent de miséricorde. Tout l'Évangile est bourré de pardons. Le Christ pardonne et appelle au pardon. Il ne jugeait pas et, au nom de l'amour, il pardonnait. Il demandait également à la victime de pardonner, au bourreau de demander pardon. Il savait que, si la victime acceptait de le faire, elle se libérerait du poids de sa haine. Coup double. Le bourreau se sent absous et peut changer. La victime, elle, évite de se torturer la rate et le gésier en ressassant sans cesse sa rancœur. Ça lui évite aussi l'absorption de multiples médocs qui, c'est connu, font les couilles en or des pharmaciens en endormant le mal sournois qui ronge l'intérieur.

Des pas dans la neige

Un homme monte au paradis. Là-haut, le Seigneur lui montre le paysage au-dessous et lui dit : « Regarde, cette étendue de neige superbe. Vois-tu, sur l'immense surface, la trace de deux pas ? C'est toi qui marches et Moi qui reste toujours à tes côtés durant toute ta vie. »

Le gars regarde en bas et observe la direction des traces. Après la grande plaine couverte de neige, il y a une montagne très haute. Un sentier très difficile mène au sommet. Dans les endroits les plus escarpés, on ne voit plus deux traces mais une seule. L'homme dit alors : « Seigneur, Tu m'avais dit que Tu serais toujours avec moi. Sur la plaine, quand tout était facile, il y avait deux traces de pas, et aux moments les plus difficiles de ma vie, il n'y en a plus qu'une ! » Le Seigneur lui répond : « C'est vrai, il n'y a plus qu'une seule trace. Sache qu'aux moments les plus durs de ta vie, Je te portais. »

Le Seigneur nous porte. Il nous demande aussi de porter notre croix et de porter la croix des autres.

Éclipses de la foi

Certains d'entre vous connaissent de courtes ou longues éclipses de la foi. Leur âme est alors vulnérable et attristée. Un conseil, relisez la vie des saints, et pensez à mère Teresa. Quelle bombe, lorsque ses carnets secrets ont été dévoilés à la presse ! La sainte femme y disait que pendant cinquante ans, elle avait douté comme une agnostique.

La sainte des ténèbres

Hélas ! un mauvais concours de circonstances ne m'a pas permis de voir le sourire de mère Teresa, ce lumineux sourire dont elle répétait qu'il était un « masque ». J'étais à Bombay et je désirais aller voir mère Teresa. Un jeune inculpé de meurtre m'a appelé en urgence. J'ai alors foncé à Paris pour être auprès de lui.

On n'aurait jamais imaginé mère Teresa dans le doute. Derrière son visage lumineux, malgré l'étendue immense et rayonnante de son action, ses carnets révèlent pourtant une terrible nuit de la foi… Une nuit de cinquante ans !

Mère Teresa a été béatifiée cinq ans après sa mort. Le doute n'est pas un obstacle à la sainteté. Les mystiques sont bien au contraire les évangélisateurs idéaux dans notre monde postmoderne, où l'on vit comme si Dieu n'existait pas. Ils sont arrivés tout près des sans-Dieu, ils ont connu le vertige de se jeter en bas. En 1957, elle écrivait : « Il y a tant de contradictions dans mon âme, un tel désir de Dieu et une continuelle souffrance ; je n'ai pas de foi, pas d'amour, pas de zèle… Le paradis ne signifie rien pour moi : il est un lieu vide. » Elle se languissait de Dieu, et elle ajoutait : « Je suis parfaitement heureuse de n'être personne, même pour Dieu. »

Vide et silence

Mère Teresa disait : « Pour moi, le vide et le silence sont si grands que, quand je regarde, je ne vois pas, quand j'écoute, je n'entends pas. »

Elle travaillait avec amour. Elle aimait dans l'obscurité, et la souffrance qu'elle ressentait au plus intime d'elle-même la rapprochait de Dieu.

Elle communiait avec l'angoisse du Christ dans sa passion. Elle disait : « Si un jour, je deviens une sainte, je serai sûrement celle des "ténèbres", je serai continuellement absente du paradis pour éclairer la lampe de ceux qui sont dans l'obscurité sur la Terre. »

Mais n'eût-elle pas recouvré la lumière qu'elle serait devenue sainte. L'humanité ne se partage pas entre ceux qui croient et ceux qui ne croient pas, mais entre ceux qui, face à la souffrance des autres, se détournent et ceux qui luttent avec les souffrants, pour se libérer de la souffrance. Ceux qui se défoncent au service de ceux qui sont dans la merde : voilà les croyants ! À côté, il y a ceux qui ne pensent qu'à leur gueule : voilà les non-croyants.

> *Une foi qui ne doute pas est une foi morte.*
>
> Miguel de Unamuno

Croire sans voir

Sœur Sabita, qui a succédé à mère Teresa comme supérieure des Missionnaires de la Charité pour le nord-ouest de l'Inde, a dit : « Malgré ses questions, elle a fait le choix de continuer. Je pense que les doutes nous aident à grandir. J'aime me souvenir de l'expression si particulière de son visage lorsqu'elle priait. Cette image me donne une grande force. » Pour d'innombrables personnes qui vivent cette aridité, c'est un modèle.

Icône inaccessible, mère Teresa est devenue l'une de nous. Elle nous rend plus sensibles à la relativité des frontières entre la foi, l'agnosticisme et l'athéisme. Qu'est-ce que la foi ? C'est croire sans voir.

Paradoxalement, elle est encore plus grande, plus convaincante qu'avant.

La présence du Christ

L'Église dit que lire l'Évangile est une grâce. Il suffit de l'ouvrir, de prendre le temps, le Seigneur est présent partout. Sa parole est vivante. Parfois se produit un choc immédiat : il a suffi à certains saints de découvrir un court passage pour croire aussitôt à la vérité du Seigneur vivant. C'est rare.

Quand je suis entré au séminaire à treize ans, je ne croyais pas en Dieu. J'avais fait ma communion, mais je ne croyais pas en Dieu. Découvrir que « Dieu est amour » dans l'évangile de saint Jean a été une révélation. Je n'ai pas eu une illumination, j'ai simplement cru que c'était vrai. Depuis soixante-trois ans, je vis de ces trois mots. J'ajouterai le vingt-cinquième chapitre de saint Matthieu : « Quand j'étais malade, es-tu venu me voir, quand j'étais prisonnier, m'as-tu rendu visite, quand j'étais au chômage, m'as-tu aidé à retrouver du boulot… » Chaque fois que nous accomplissons un acte d'amour pour quelqu'un qui est dans la merde, c'est la preuve vivante que le Seigneur est présent.

Sa présence par les sacrements

Le Christ est présent aussi par les sacrements, le baptême d'abord, qui marque l'entrée dans l'Église. Le Christ lui-même a voulu le baptême. Quant à l'eucharistie, n'est-elle pas un signe visible du Christ ? Lorsque je dis de ma voix de pauvre : « Ceci est mon corps, ceci est mon sang », le Christ descend. J'en ai la conviction. Je vois l'hostie et je vois le vin, le Christ est là. Puis je le donne, et c'est la deuxième grande joie. Enfin, le Christ demeure dans le Saint-Sacrement. Quand dans une église, vous voyez la petite lampe rouge allumée, c'est que le Seigneur est là. Croire au mystère d'amour qu'est l'eucharistie, preuve de la présence du Christ, donne une force extraordinaire.

Croire ensemble

Le Christ est présent par la prière dans la communauté des croyants et auprès des plus pauvres. Si nous savons dialoguer avec lui, il sera là, avec nous. Il faut lui parler, lui dire : « Je t'aime » ou : « J'ai un problème, fais-moi signe, s'il te plaît ». Parfois on en veut au Seigneur : « Là, vraiment, tu m'emmerdes ! Je te demande quarante fois la même chose et tu ne me la donnes pas. » C'est aussi une belle prière.

Devant une église pleine, je perçois l'attente, c'est très beau une assemblée de croyants. Nous appartenons à un corps. Je le rappelle à chaque eucharistie : le Seigneur a dit que, lorsqu'on est réunis en son nom, il est là, au milieu de nous. La foi a besoin de temps en temps d'une rencontre collective.

La liturgie est la merveilleuse présence du Christ. Combien de fois suis-je sorti de la cathédrale de Paris après la messe chrismale, les ordinations ou quelque grande cérémonie, enchanté de la belle liturgie que je venais de vivre. Quand une chorale fait chanter la foule à plein cœur, c'est toute la cathédrale qui retentit. Alors on éprouve la présence du Christ.

Parfois la liturgie est totalement déconnectée du monde tout proche. Les jeunes s'y ennuient. À un prêtre de vivre des eucharisties vivantes et de les faire vivre. Le jeune ne fuira pas ces messes-là. Sa foi se consolidera.

Croire dans le noir

Si nous avons la foi, nous devons passer aux actes. Sinon, nous sommes des unijambistes. Si notre foi ne nous mène pas vers les plus pauvres, vers le pardon, alors elle est bancale. La présence visible du Christ peut être dans chaque personne que nous rencontrons, notamment les plus petits. Saint Jacques a dit que, sans les actes, notre foi est bidon.

Saint Vincent de Paul doutait beaucoup jusqu'au jour où il a pensé qu'il devrait aller vers les pauvres ; à partir de là, il n'a plus jamais douté. Il avait rencontré le Seigneur.

Ayez une foi sobre. Évitez les illuminations et les apparitions. Le Seigneur n'a pas besoin de tout ça. Il demande qu'on retrousse nos manches, que notre foi se transforme en vie. Il nous donne vingt-quatre heures par jour pour la vivre. Pas plus. « Déchargez-vous de tout souci, Il prendra soin de vous. »

Ayons une foi qui sonne juste. Nous n'avons pas à la défendre du matin au soir contre les attaques. Nous n'avons pas à être offensifs. Notre foi se communique par notre façon de vivre et l'amour que nous portons aux autres. Elle est lumière. Notre témoignage de joie et nos actes la rendent crédible aux yeux des autres. Le Credo du dimanche le crie. Dans ce monde où croire est difficile, la foi est comme une langue étrangère : si on ne la pratique pas par la prière et les sacrements, elle meurt très vite.

Avoir la foi, c'est croire dans le noir, c'est sentir la présence du Christ par sa parole, par les sacrements, par la liturgie, et surtout par l'attention aux plus pauvres.

Mais n'oublions pas. La foi c'est comme une langue étrangère. Si on ne la pratique pas, elle se perd.

Faire le pari de la douceur

Face à nos fragilités, dont certaines nous font souffrir, il est urgent pour nous de réapprendre la douceur, et d'abord la douceur envers nous-mêmes. Nous avons tous tendance à nous juger sévèrement, à nous blâmer pour nos insuffisances, nos défauts, à nous autodéprécier. Certains même vont jusqu'à considérer que, s'ils sont malades, c'est leur faute ! Il est urgent de bien se traiter soi-même, de s'estimer, de s'aimer.

Le Seigneur a prononcé cette phrase que j'aime infiniment : « Je suis doux et humble de cœur. » Il en faut du culot pour dire quelque chose comme ça ! Mais il savait que celui qui est doux gagne les cœurs. Parmi les saints, dont j'aime beaucoup étudier la vie, saint François de Sales était considéré comme le maître de la douceur. Son visage, ses yeux, ses paroles et tous ses actes rayonnaient, affirment ses contemporains. Quand on lui reprochait d'être trop doux, il répondait que c'était une des plus belles fleurs de la charité.

Le vrai esprit chrétien est un esprit de douceur. Pas un mou. Pas une personne qui dit oui à tout. La douceur demande une grande maîtrise de soi et un caractère affirmé.

La douceur est faite d'humilité. Un orgueilleux n'est jamais doux. Il ne pense qu'à lui, se vante et fait passer sa personne devant les autres. La douceur est liée à une simplicité intérieure. Celui et celle qui la possèdent sont les parfaits imitateurs du Christ parce qu'ils n'offensent personne. Ils supportent et endurent ceux qui leur font du mal, ils souffrent patiemment, ne rendent jamais le mal pour le mal. Les doux ne se troublent pas, ils acceptent les autres comme ils sont. Ils ne se vengent jamais et n'ont pas de rancune. Ils reprennent les autres avec calme, leur disent franchement ce qu'ils peuvent entendre, et savent taire ce qu'ils ne peuvent pas accueillir.

Pour acquérir de la douceur, il faut maîtriser une chose importante : l'égalité d'humeur. Au séminaire, j'en ai été frappé. On nous disait souvent : « Cherchez l'égalité d'humeur ! » Bûchez l'égalité d'humeur !

Si tout va bien, si tout est bon, remercions Dieu. Mais si ça ne colle pas, si tout se barre de travers et qu'on se retrouve sur les nerfs, faisons acte d'humilité en nous disant que ça passera.

La sainteté, c'est trouver chaque jour l'occasion de s'amender et de se reprendre. La sanctification par la maîtrise de soi est un point très important. La douceur arrive par là.

Qui peut résister à la douceur d'un être ? Pensez à une personne de votre entourage qui en est douée. Voyez combien elle est apaisante, comme elle crée l'harmonie, comme elle unit et appelle à faire de même.

La douceur est une chose merveilleuse. Le Seigneur l'a mise en exergue dans ce magnifique hymne à l'amour : « Bienheureux les miséricordieux, bienheureux les doux… » C'est ainsi que vous construirez le Royaume de Dieu aujourd'hui. Puissiez-vous cultiver cette fleur magnifique de la charité. Vous ferez des merveilles autour de vous. Chaque acte d'amour et de douceur compte. Le Seigneur vous récompensera pour la paix que vous créerez autour de vous.

On m'a souvent demandé comment est née ma vocation. J'ai mis du temps à découvrir d'année en année ceci.

D'abord j'ai appris que Dieu n'appelle pas à être prêtre des hommes capables, mais il les rend capables de l'être. C'est une certitude, vérifiée au fil des années.

J'ai une autre certitude, c'est l'amour humain que j'ai vécu petit avec mes quinze frères et sœurs. Je savais au plus profond de moi que l'amour humain m'habitait.

Nous étions aimés tellement et jusqu'au bout. Un jour, une personne a demandé à ma mère comment elle avait divisé son amour entre ses quinze mômes. La réponse simple et fulgurante de ma mère dit tout : « J'ai rien divisé, j'ai multiplié l'amour. »

Et puis le couple très uni de mes parents était une grâce palpable. La découverte de l'Évangile m'a conduit très vite à une certitude supplémentaire : Dieu nous aime infiniment. L'amour vient de Dieu. Comment ne pas croire que, du bébé qui met le nez à la fenêtre du monde au vieillard qui s'éteint, l'amour est notre priorité ? L'amour humain, certes. Mais il est empli au cours de l'existence de fragilités. Dieu seul, à mon sens, peut nous aider à les saisir, à les prolonger et à les dépasser. Quelle foi il faut pour cela ! Quelle force il faut demander chaque jour pour le croire ! Telle est la puissance du croyant qui passe sa vie à chercher ce Dieu-là et Lui demande son amour.

Dernière chose que nous vivons tous : quels que soient le bonheur, les joies ou les réussites, tout est fragile. On aspire toujours à plus : de bonheur, de réussite, d'amour fidèle.

J'ai souvent dit à Dieu : « Pourquoi Tu nous donnes un cœur si petit, et un désir si puissant d'aimer et d'être aimé ? » Sa réponse est certainement simple. Je crois que c'est elle qui me fait vivre pleinement. « Je vous ai fait vivre sur terre pour désirer l'amour parfait d'une autre vie. »

Si je crois à quelque chose de prodigieux après la mort, c'est bien à l'Amour que j'y trouverai. Si Dieu nous donne cette sensation de l'amour sur terre, c'est pour nous préparer à cet amour infini. J'ai la conviction absolue que la mort ouvre au paradis et à l'Amour.

La terre est l'antichambre de l'Amour. Je n'ai pas perdu, me semble-t-il, une virgule de cette pensée, depuis mon enfance. Si je la perdais, je perdrais tout.

Récapitulatif des conseils

• Acceptez-vous tel que vous êtes.

• Soyez humbles.

• Apprenez à vivre avec vos fragilités.

• Ne vous comparez jamais aux autres : cela ne conduira qu'à l'orgueil ou au découragement.

• Acceptez l'autre tel qu'il est.

• Dites du bien de l'autre et dites-le tout haut.

• Bûchez vos liens aux autres.

• Réconciliez-vous avant le soir avec vous-même et les autres.

• Retrouvez les valeurs de la fraternité.

• Apprenez à vous reposer.

• Faites tout par amour.

• Caressez vos malades, c'est une geste d'amour inestimable.

- Partagez l'angoisse du malade, aidez-le à se battre.
- Croisez le regard de la personne souffrante.
- Parlez des disparus : cela fait un bien fou à ceux qui restent.
- Ne culpabilisez pas vos proches s'ils ne sont pas assez présents.
- Ayez foi dans la capacité à guérir.
- Faites le pari de la douceur.
- Méditez sur tout ce que vous avez déjà, la vie vous a déjà beaucoup donné.
- Aimez les perdants et les victimes.
- Soyez généreux.
- Ne vous agenouillez pas devant le fric.
- Passez du temps avec votre famille; soyez là pour elle.
- Apprenez à vos enfants le partage.
- Écoutez les jeunes à plein tube, même quand ils sont malhabiles.
- Veillez sur votre regard, ne cédez pas aux tentations obscènes.
- Apprenez à aimer votre solitude.
- Vivez la sexualité comme un don, cherchez d'abord le plaisir de l'autre.
- Soyez fidèles, en amour comme en amitié.
- Si votre amour est en danger, faites tout pour le sauver : prenez le temps de parler en profondeur, affrontez l'épreuve.

- Acceptez de vieillir.
- Prenez du recul.
- Luttez contre la désespérance. Que votre arme soit le respect de tout être.
- Priez.

Bibliographie

ABBÉ PIERRE, *Testament...*, Bayard/Centurion, 1994.

ANDRÉ Christophe, *Les états d'âme. Un apprentissage de la sérénité*, Odile Jacob, 2011.

–, *Imparfaits, libres et heureux*, Odile Jacob, 2009.

CASTRO Dana, *Ça va pas fort à la maison. L'enfant et les soucis des grands*, Albin Michel, 2005.

CYRULNIK Boris, *Un merveilleux malheur,* Odile Jacob. 2009.

DALLAIRE Yvon, *Qui sont ces couples heureux? Surmonter les crises et les conflits du couple*, Le Livre de Poche, 2007.

DIDIER Jean-Claude, *Le chrétien devant la maladie et la mort,* Le Cerf, 2002.

FAURÉ Christophe, *Le couple brisé. De la rupture à la reconstruction de soi,* Albin Michel, 2002.

GRÜN Anselm, *Se pardonner à soi-même,* Desclée de Brouwer, 2003.

HAY Louise L., *Transformez votre vie. Une pensée positive peut changer votre vie*, Marabout, 2007.

LEWICKI Christine, *J'arrête de râler !*, Eyrolles, 2011.

RUFO Marcel, *Tiens bon !*, LE Livre de Poche, 2012.

SALOMÉ Jacques, *Le courage d'être soi. Une charte du mieux-être avec soi-même et avec autres*, Pocket, 2003.

VERGELY Bertrand, *La souffrance*, Gallimard, 1997.

Table

Cet ouvrage a été achevé d'imprimer
en mai 2013 dans les ateliers de Corlet
à Condé-sur-Noireau

N° d'imprimeur : 153496
Dépôt légal : mai 2013
ISBN : 978-2-84876-302-6
Imprimé en France